AF439010

LIGNES

DES

CHEMINS DE FER DE L'EST

CARNET-GUIDE

MEMENTO CONTENANT

LES

RENSEIGNEMENTS UTILES

ET PITTORESQUES

DU VOYAGE

Délivré GRATUITEMENT à tous les Voyageurs

AU

BUREAU CENTRAL DES VOYAGES A PRIX RÉDUITS

20, Boulevard St-Denis, 20

PARIS

ET

Vendu dans toutes les Gares de Chemins de fer

et chez tous les Libraires de la Province

PRIX BROCHÉ : 50 c. — RELIÉ : 1 fr.

POUR LA PUBLICITÉ, S'ADRESSER A

M. GOFFIN

20, Boulevard St-Denis, 20

CE CARNET-GUIDE

DONNÉ GRATIS

AU BUREAU DES VOYAGES A PRIX RÉDUITS

20, Boulevard Saint-Denis, 20

SE DÉLIVRE AVEC

1° Les Billets d'excursions aux Bords du Rhin et en Belgique, valables pendant un mois ;

2° Les Billets de Voyage circulaire en Alsace et dans la Suisse centrale (Oberland bernois), valables pendant un mois et deux mois ;

3° Les Billets du Voyage circulaire en Suisse et dans le Grand Duché de Bade, valables pendant un mois :

4° Les Billets du Voyage circulaire en Alsace et dans les Vosges, valables pendant un mois ;

Le Bureau Central des Voyages à Prix Réduits délivre également gratuitement un Carnet-Guide spécial aux voyages sur les lignes des chemins de fer de l'Ouest et qu'on distribue avec :

1° Les Billets de Paris à Londres ;

2° Les Billets d'excursions sur les Côtes de Normandie et en Bretagne ;

3° Les Billets d'excursions en Bretagne (Compagnies de l'Ouest et d'Orléans).

4° Les Billets de Bains de Mer (valables pendant 3 jours) ;

CHEMINS DE FER DE L'EST

CORRESPONDANT DIRECTEMENT AVEC

l'Allemagne, l'Autriche, les Principautés, Odessa et les escales du Bas Danube, Constantinople, la Suisse et la Haute Italie.

PREMIÈRE PARTIE

RÉSEAU FRANÇAIS

LIGNE DE STRASBOURG
Et ses Embranchements

NOTA. — MM. les Voyageurs munis de billets à prix réréduits, délivrés au Bureau des Voyages, 20, boulevard Saint-Denis, sont priés de se trouver 10 minutes au moins à la gare avant le départ du train pour faire enregistrer leurs bagages. — Les excursionnistes de trains de plaisir n'ont pas droit à un transport de bagages.

En s'adressant 12 heures au moins à l'avance au même bureau, MM. les Voyageurs peuvent s'assurer des omnibus de famille qui iront les prendre à domicile avec leurs bagages.

RENSEIGNEMENTS

SUR LES

PRINCIPALES VILLES ET STATIONS

DE PARIS A STRASBOURG

Au départ de Paris, le train traverse la gare des marchandises de **La Villette** et le pont jeté sur le canal de Saint-Denis, passe devant la nouvelle station de **Pantin**, franchit le canal de l'Ourcq et arrive à la station de **Noisy-le-Sec**. — Après avoir dépassé Bondy, le charmant village de **Villemonble**, **Gagny**, il arrive à **Chelles**, dont les îles boisées sont si justement renommées. Puis viennent les stations de **Lagny-Thorigny** et d'**Esbly**, et le train s'arrête à :

MEAUX. — A VISITER : la Cathédrale et le Tombeau de Bossuet, — l'Hôtel-Dieu, — l'Hôtel de Ville, — la Porte Saint-Nicolas, — le Magasin de réserve qui sert à l'approvisionnement de Paris.

Après **Meaux**, le convoi passe devant la station de **Trilport**, franchit deux fois la Marne, dépasse **Changis**, **La Ferté-sous-Jouarre**, si curieuse par ses vieilles maisons, **Nanteuil**, **Nogent-l'Artaud** et s'arrête à :

CHATEAU-THIERRY. — Buffet. — Château-Thierry est une jolie petite ville située sur la rive droite de la Marne. Elle est la patrie de Jean de Lafontaine et on peut y visiter la maison où naquit le fabuliste, les ruines du château de Charles-Martel et l'Eglise Saint-Crépin.

Après un arrêt de quelques minutes le train se remet en route et arrive à Epernay après avoir dépassé les stations de **Mezy**, **Varennes**, **Dormans**, **Port-à-Binson**, **Damery**, **Boursault**.

ÉPERNAY. — Buffet. — Embranchement d'Epernay à Reims.

On doit visiter à **Epernay**, après l'Eglise principale qui en est le seul monument, les Caves de vins de Champagne qui sont une des merveilles et la richesse de ce pays.

Après Epernay, le convoi se remet en marche, traverse une large plaine, s'arrête devant les villages pittoresques de Oiry et de **Jalons-les-Vignes** et s'arrête à :

CHALONS-SUR-MARNE. — Embranchement de la ligne de Paris à Châlons-sur-Marne à **Mourmelon** et Reims. — A VISITER : la Préfecture, — l'Hôtel de Ville, — la Cathédrale Saint-Etienne, — l'Eglise gothique de Notre-Dame, — les Vitraux de l'église Saint-Alpin,— l'ancien Couvent Saint-Pierre, — le Manége, la Salle de spectacle, — le Musée, — la Porte Sainte-Croix et la Promenade du Jard. — Voitures de correspondance pour Sainte-Menehould.

Après Châlons, le train se remet en marche, s'arrête aux stations de **Vitry-la-Ville**, de **Loisy**, de **Vitry-le-Français** et de **Blesme**.

BLESME. — Embranchement de la ligne de **Paris à Chaumont**. Puis le convoi traverse la vallée de la Saulx en passant devant **Pargny** et **Sermaize** qui possède une source d'Eaux minérales, quitte le département de la Marne pour entrer dans celui de la Meuse, s'arrête à **Revigny**, **Mussey** et arrive à :

BAR-LE-DUC. — Buffet. — A VISITER : le Musée, — la Tour de l'Horloge,—l'ancienne Cathédrale,— le Palais-de-Justice, les Statues du maréchal Oudinot et du maréchal Excelmans. — Voitures de correspondance pour **Dun-sur-Meuse**.

Après Bar-le-Duc, les stations de **Longeville**, **Nançois-le-Petit**, **Loxeville**, **Lérouville** et **Commercy** où on signale l'Hôtel-de-Ville, — le Manége, — le Château et les Halles.

Plus loin, on traverse le bourg de **Sorcy**, un tunnel de 570 mètres conduit à **Pagny**, première station sur le département de la Meurthe. Puis viennent les stations de **Foug**, de **Toul**, de **Fontenoy-sur-Moselle**, de **Liverdun** et de :

FROUARD, embranchement de la ligne de **Paris** à **Metz**, qui relie le réseau de l'Est aux chemins de fer de Belgique et d'Allemagne.

Le convoi, après avoir côtoyé **Champigneules**, s'arrête à l'embarcadère important de :

NANCY : Buffet, — Ville forte, — Quartier général du 3e corps d'armée. Située sur la rive gauche de la Meurthe, Nancy se divise en ville vieille et en ville neuve. On remarque dans la ville vieille : les Bâtiments de l'ancien Palais ducal dont on admire la Porte, — l'ancienne Citadelle, — la Porte de Craffe, — l'Eglise Saint-Epore, — l'Eglise des Cordeliers, — la Chapelle ducale, — la Place des Dames, — l'Arc de Triomphe, — la Place Carrière, — le Palais de Justice, — le Tribunal de Commerce, — l'ancien Hôtel du Gouvernement, — le Château-d'Eau de la Place de Grève. Dans la ville neuve, on visite : la Place Royale, — l'Hôtel-de-Ville, — le Palais épiscopal, — le Théâtre, — les Fontaines de Neptune et d'Amphitrite, — l'Ecole de Musique, — la Statue de Stanislas, — la Pépinière, — la Cathédrale, — les Eglises Saint-Sébastien et Notre-Dame-de-Bon-Secours, — la Chapelle du Couvent des Orphelines, — le Temple protestant, — la Caserne Sainte-Catherine, — l'Hôpital militaire, — les Portes Saint-Georges, — Saint-Nicolas, — Saint-Jean, — les Halles, — la Statue de l'ombosle, par David, d'Angers, — la Place et la Fontaine d'Alliance, — la Colonne de Bourgogne, — la Statue du général Drouot, — la Maison où est né Callot, — le Musée, — le Jardin des Plantes.

Le voyageur ne doit pas quitter Nancy sans visiter quelques-unes des nombreuses fabriques de broderies qui forment son principal commerce. Voitures publiques tous les jours pour **Château-Salins**, **Neuchâteau** et **Pont-à-Mousson**.

Après Nancy, la première station est celle de **Varangeville-Saint-Nicolas** qui précède celle de **Rosières-aux-Salines** où se trouve un des haras les plus considérables de l'Empire. Le train après avoir dépassé **Blainville** arrive à **Lunéville**.

LUNÉVILLE, ville forte où on remarque : le Château, — la Caserne, — le Manége, — la Promenade du Bosquet, le Tombeau de la Marquise du Châtelet.

Voitures de correspondances pour **Baccarat.**

Après Lunéville viennent les stations de **Marainvilliers,** — **Embermenil,** — **Avricourt,** — **Rechicourt,** — **Heming,** — **Sarrebourg.** En sortant de cette dernière station le train entre dans le tunnel de **Hommarting** qui passe sous le canal de la Marne. Puis il passe devant les stations de **Lutzelbourg,** — **Phalsbourg** et s'arrête à **Saverne.**

SAVERNE, ancienne place forte située sur la Zorn au pied d'une montagne où on remarque le curieux travail d'une route en spirale exécutée sous le règne de Louis XIV. — L'Eglise paroissiale. — La Maison de refuge créé par l'Empereur Napoléon III, dans l'ancien Palais des évêques, pour les veuves des hauts fonctionnaires. — La Tour Greifonshein. C'est de Saverne, où il habite depuis quelques années, que le célèbre auteur de *Tolla*, des *Mariages de Paris*, de *Madelon*, etc., M. Ed. About, date ses œuvres charmantes.

Après Saverne, les stations de **Steinbourg,** — **Detwiller,** — **Hochfeldein,** — **Mommenheim,** — **Brumath**, qui possède une source d'eaux minérales froides. — **Vandenheim.** Embranchement de la ligne de **Paris** à **Wissembourg.**

Puis le train entre dans la gare de **Strasbourg**, la vieille capitale de l'Alsace.

STRASBOURG. — Chef-lieu du département du Bas-Rhin, agréablement située sur la rivière de l'Ill, fortifiée par Vauban, place de guerre de premier ordre.

VISITES ET PROMENADES DU TOURISTE A STRASBOURG

Le célèbre et magnifique monument religieux de la cathédrale, dont la tour a 140 mèt. de hauteur. Le voyageur doit remarquer les sculptures du portail, — les statues équestres de Clovis, de Dagobert, de Rodolphe de Habsbourg et de Louis XIV, — la Rosace, — les Vitraux de la nef, — l'Orgue de Silbermann, — la Chaire d'Hommerer et le Baptistaire d'Otzenger, — la Crypte du chœur et les Figures qui ornent le saint-sépulcre, et enfin, toujours à l'intérieur, l'admirable et célèbre Horloge astronomique de Schwilgué.

Avant de quitter la Cathédrale, nous engageons le voyageur à monter sur la Tour du Nord, sur laquelle s'élève la Flèche appelée le *Munster*. — Du haut de cette Tour l'excursionniste découvre un panorama grandiose, dans lequel il embrasse toute l'Alsace, les bords du Rhin et les îles si pittoresques de ce fleuve.

Les églises Sainte-Aurélie, — Saint-Pierre-le-Jeune, — le temple Saint-Thomas, où l'on remarque le Tombeau du maréchal de Saxe et les momies du comte de Nassau et de sa fille, — le Château impérial, — le Lycée, — l'Académie, — le Muséum d'histoire naturelle, — l'Observatoire, — le Jardin botanique, — *la Manufacture des tabacs*, qui est un beau monument, — l'*Hôtel de la Préfecture*, — l'Hôtel de ville et son Musée de peinture sur la *Promenade du Broglie* où se trouve aussi le Théâtre, — la Place et la Statue de Kléber, — le Temple neuf et la Bibliothèque, — la place du marché aux Herbes et la statue de Gutemberg, par David d'Angers, — la Halle commerciale, — les Ponts couverts, — la Citadelle, — l'Arsenal, — la Fonderie de canons, — les sept Portes de la ville.

Promenades à la Contades et à la Robertson, — aux bords du Rhin, — à la Statue du général Desaix et à Kehl (grand duché de Bade).

Visites aux fabriques de cotonnades, de toiles peintes, verroteries et de quincaillerie.

(Les excursionnistes qui voudraient compléter leur voyage en allant à Bade, trouveront des renseignements sur l'itinéraire à suivre à la partie de ce petit livre intitulé **Excursions aux Bords du Rhin et en Belgique**).

RENSEIGNEMENTS

SUR LES PRINCIPALES VILLES ET STATIONS

De PARIS a MULHOUSE

Le train se dirigeant sur Mulhouse, en quittant Paris, suit la ligne de Strasbourg jusqu'à la station de **Noisy-le-Sec** où il bifurque à droite pour trouver les stations de Rosny-sous-Bois, de Nogent-sur-Marne, de Villiers, d'Emerainville, dans les environs de laquelle on trouve le château de **Ferrières**, qui appartient au baron de Rotschild, d'Ozouer-la-**Ferrière**; on voit dans les environs le château d'**Armainvillers.**

CRETZ. — Embranchement de la ligne de **Paris à Coulommiers.**

Ensuite le train traverse les stations sans importance de **Villepatour**, de Ozouer-le-**Voulgis**, de **Verneuil**, — de **Mormant**, — de **Grandpuits**, de **Nangis**, où on visite la belle église Saint-Martin, — de **Leudon**, — de **Longueville**, embranchement de la ligne de **Paris à Provins** — et après avoir dépassé **Chalmaison**, le train s'arrête à **Flamboin**, d'où part un embranchement qui relie la ligne de Lyon à celle de l'Est en se dirigeant sur Montereau. Le convoi, après s'être arrêté aux petits villages de **Hermé** et de **Melz**, s'arrête à **Nogent-sur-Seine.** — On y visite l'église Saint-Laurent et, dans les environs, le château de **Bernières.**

Cette station est suivie de celles de **Pont-sur-Seine**, — de **Romilly-sur-Seine**, — de **Melzières**, — de **Mesgrigny**, — de **Saint-Mesmin**, dont on remarque l'église paroissiale et le château, — de **Savières**, — de **Payns**, — de **Saint-Lyé**, — de **Barberoy-Saint-Sulpice** et de **Troyes.**

A visiter : la Cathédrale de Saint-Pierre, — les Eglises Saint-Martin, — Saint-Nizier, — Saint-Pantaléon, — Saint-Nicolas, — Saint-Urbin, — Saint-Remy, — Sainte-Marie, — Sainte-Madeleine, — l'Hôtel-de-Ville, — l'Hôtel-Dieu et sa belle grille — la Halle aux grains, — la Préfecture, — l'ancien château des comtes de Champagne, — l'Hôpital de la Trinité, les hôtels de Mesgrigny et de Chapelaines. Embranchement de la *ligne* de **Troyes à Bar-sur-Seine.** En quittant Troyes, le train rencontre les stations de **Rouilly-Saint-Loup**, traverse la tranchée de **Lusigny**, dont la longueur est de 2,500 mètres, s'arrête à **Montieramey**, à **Vendeuvre-sur-Barse**, traverse encore de très-longues tranchées et arrive à **Jessins**, d'où l'on peut faire une petite excursion à **Brienne-Napo-**

léon, puis, reprenant en route le convoi, ne s'arrête
plus qu'à **Arsonval** avant d'entrer dans la ville de :

BAR-SUR-AUBE. A visiter : les églises Saint-Maclou et
Saint-Pierre, et, dans les environs, l'église de *Soulaines*
et le gouffre aux Deux-Moulins.

Ensuite, viennent les stations de **Clairvaux-sur-
Aube,** où on visite la Maison pénitentiaire de **Ma-
ranville ;** de **Bricon,** d'où on peut faire une excursion
aux ruines du manoir de **Châteauvillain,** de **Vil-
liers-le-Sec** et de :

CHAUMONT. A visiter : l'église Saint-Jean-Baptiste, — le
Palais de Justice, — la Tour Hautefeuille, — l'Arc de
Triomphe. — *Excursion à* **Neufchâteau,** où on trouve
des voitures publiques pour **Contrexeville,** qui possède un établissement très-renommé d'Eaux minérales
thermales ; à **Chaumont,** embranchement de la ligne de
Chaumont à **Blesme.**

Foulain et **Rolampont** sont les stations qui pré-
cèdent

LANGRES. A visiter : la Cathédrale de Saint-Mammès,
— la Porte des Moulins, — la Porte Gallo-Romaine, —
le Musée de l'église de Saint-Dizier, — aux environs, la
Source de la Marne.

Le convoi s'arrête ensuite à :

CHALINDREY, embranchement de la ligne de **Mulhouse** à **Gray** (chemin de fer de Lyon).

Puis viennent les stations de **Hortes,** de **Charmoy,**
de **La Ferté-Bourbonne,** où on trouve des voitures
publiques pour le célèbre établissement thermal de
Bourbonne-les-Bains, — de **Vitrey,** de **Jussey,** de
Monthureux-les-Boulay et de **Port-d'Atelier**
(pour **Aillevilliers-Plombières**).

Après avoir dépassé les petites stations de **Port-sur-
Saône** et de **Vaivre** (embranchement de la ligne de
Vesoul à **Gray**), le train entre dans la gare de **Ve-
soul.** (Voir l'itinéraire de Nancy, Épinal et Gray).

En quittant **Vesoul,** le convoi rencontre **Colombier,**

Creveney, Genevreuille et **Lure,** d'où l'Excursionniste peut facilement se rendre à la petite ville et à l'établissement de **Luxeuil.**

Puis Ronchamp, Champagney (excursions à **Plancher-les-Mines).** Bas-Evette, **Belfort,** dont on remarque les Fortifications, — la Citadelle, — la Promenade, — la Fontaine et l'église Saint-Christophe, — Excursion aux vallons d'Alsace et de Servance; dans la vallée de Massevaux; à Giromagny, au Saut de la Truite, vallée du Puy. — Tous les dimanches, fête sur la montagne réunissant les habitants des Vosges, de la Haute-Saône et du Haut-Rhin.

Après avoir dépassé **Chevremont** et **Montreux-Vieux,** le convoi passe sur de nombreux et importants travaux d'art pour arriver aux stations de **Dannemarie,** d'**Altkirch,** où on visite la Fontaine, l'Eglise paroissiale et le château de Ferette.

Et, enfin, après s'être arrêté aux petits villages d'**Illfurth,** et de **Zillisheim,** le train entre dans la gare de **Mulhouse,** son point d'arrivée.

MULHOUSE. A visiter : l'Hôtel-de-Ville, —l'église Saint-Étienne, — la Synagogue, — le Temple protestant, — le Musée industriel d'étoffes imprimées, les Quais du bassin du Commerce établi sur le canal qui relie le Rhin au Rhône, — les nombreuses fabriques de toiles peintes, de mousselines et les Brasseries qui approvisionnent Paris.

RENSEIGNEMENTS ET DESCRIPTIONS

DES

EMBRANCHEMENTS

DES

LIGNES DE CHEMINS DE FER

DE L'EST FRANÇAIS

UTILES

aux Touristes du Voyage Circulaire

EN

ALSACE ET DANS LES VOSGES

ET

aux Excursionnistes

DES TRAINS DE PLAISIR

EMBRANCHEMENT

DE

LA LIGNE DE PARIS

A

Châlons, Mourmelon et Reims

Pour les stations de PARIS à CHALONS, voir l'itinéraire de PARIS
à STRASBOURG

Après **Châlons**, le train s'arrête à la petite station de
la **Veuve** et arrive à **Mourmelon-le-Grand**. Buffet,
village voisin du camp de manœuvres où est établi le
camp de Châlons que l'on peut visiter. On y remarque le
Pavillon impérial et les quatre Châlets qui l'entourent,
— le Théâtre et les Cafés chantants.

Puis le train se remet en marche et arrive à **Reims**
(voir page 13) après avoir dépassé les stations de Thuisy,
et de Sillery, si renommé par ses vins de Champagne.

EMBRANCHEMENT

DE

LA LIGNE DE PARIS

A

Reims, Rethel, Mézières, Charleville, Vireux et Givet

Pour les stations de PARIS à ÉPERNAY, voir l'itinéraire de PARIS
à STRASBOURG

En sortant d'**Epernay**, la première station que rencontre le train est celle d'Ay, si renommée par ses vins
de Champagne. Sur la côte au pied de laquelle est bâtie
cette petite ville on aperçoit les villages de Bosseuil,
Tours-sur-Marne et la ville de Mareuse, dont les vins
blancs mousseux sont justement en réputation.

Le train, après avoir traversé les villages d'Avenay, de Bermaine et de Rilly-la-Montagne s'arrête à :

REIMS. A visiter : la Cathédrale où depuis Philippe-Auguste s'accomplissait la majestueuse cérémonie du sacre. On y remarque un bourdon fondu en 1570 et dont le poids est de 42,000 kilog. — Les Eglises Saint-Remy, — Saint-Jacques, — Saint-Maurice et Saint-André, — l'Hôtel-de-Ville et la Statue de Louis XIII, — le Palais archiépiscopal, — l'Hôtel des comtes de Champagne, — la Statue de Louis XV, — celle du général Drouet d'Erlon, — la Porte de Mars, — le Mont d'Arène, — le grand Cours, — la maison où Colbert est né.

Reims à deux embranchements sur la *ligne du Nord*, l'un qui conduit à Soissons, l'autre qui conduit à Laon.

Après **Reims**, le train dessert les stations de **Vitry-les-Reims, Bazancourt, Le Châtelet, Tagnon**, et arrive à :

RETHEL, où on visite l'Eglise aux quatre nefs, — l'ancienne Chapelle des Minimes, — la Maison de l'Arquebuse et la Tour romaine.

Le convoi s'arrête ensuite aux stations d'**Amagne**, qui correspond avec la petite ville de **Vouziers**, de **Saulces-Monclin**, de **Launois**, de **Poix-T rron**, de **Boulzicourt**, de **Mohon** et de **Mézières**, chef-lieu du département des Ardennes, située sur la Meuse. On y remarque l'Eglise paroissiale, — la Préfecture, — l'Hôtel-Dieu, — le Théâtre, — le Palais des Assises et surtout la Citadelle et les Fortifications construites par Vauban. Voitures publiques pour Rocroi.

Embranchement de la ligne de Paris *à* Montmédy, Thionville, Luxembourg *et* Metz.

Le train, après avoir dépassé des stations sans importance telles que **Nouzon, Braux, Monthermé, Deville, Revin, Fumay, Haybes, Vireux, Molhain** (Embranchement belge se dirigeant sur **Charleroy**), touche à son point d'arrivée **Givet** : place forte située sur la Meuse. A visiter : la Forteresse, — les Casernes et la Statue de Méhul. Givet correspond avec **Liége, Namur, Aix-la-Chapelle, Cologne**.

EMBRANCHEMENT

DE

LA LIGNE DE PARIS

A

Mézières, Charleville, Sédan, Carignan Montmédy, Thionville

Pour les stations de PARIS à MÉZIÈRES, voir les itinéraires de PARIS à MULHOUSE et GIVET

En partant de Mézières la première station rencontrée par le train est celle de **Charleville**. On y visite l'Eglise, — l'Hôtel-de-Ville, — l'Hôtel-Dieu, — le Théâtre, — la Place Ducale, — Le Haras impérial, — la Promenade du Mont-Olympe, sur laquelle on voit les ruines de la Forteresse.

Puis viennent les stations de **Nouvion-sur-Meuse**, **Donchery** et de **Sédan**, place forte et ville manufacturière renommée pour la fabrication supérieure de ses draps noirs. On peut y visiter la Statue en bronze de Turenne, — la Place de l'Hôtel-de-Ville, — le Théâtre, — l'Arsenal, et dans les environs le Château de Rocan. Le train après dépasse les stations de **Bazeilles, Douzy, Pourru-Brevilly, Sachy, Carignan, Margut, Lamouilly, Chauvency, Montmédy**, place de guerre fortifiée, **Velosne, Vésin** et **Longuyon**. (Embranchement se dirigeant à Arlon en Belgique, par Longwy). **Pierrepont Joppécourt, Audun-le-Roman, Fontoy, Hayange** et **Thionville**. Place de guerre : à visiter, le Collége, — la Tour aux Puces, — le Manége, — les cuisines de Charlemagne, la Tour de l'Eglise.

EMBRANCHEMENT

DE

LA LIGNE DE PARIS

A

Blesme et à Chaumont

Pour les stations de PARIS à BLESMES, voir l'itinéraire de PARIS à STRASBOURG

Après avoir dépassé la station de Saint-Eulien, le train s'arrête à **Saint-Dizier**, ancienne place forte, célèbre par les victoires remportées en 1814 sur les Alliés par Napoléon Ier. On y visite les Chantiers de construction de bateaux, — les Hauts-Fourneaux, — des Forges. Grand commerce de bois et de fer.

Ensuite viennent les stations d'**Eurville**, de **Chevillon**, de **Curel**, de **Joinville**, où on remarque l'Eglise paroissiale, monument historique, de **Donjeu**, de **Froncles**, de **Vignory**, de **Bologne**, et le train s'arrête à **Chaumont**. (Voir l'itinéraire de la ligne de **Paris** à **Mulhouse**.)

EMBRANCHEMENT

DE

LA LIGNE DE PARIS

A

Metz et à Forbach

Voir, pour les stations de PARIS à FROUARD, l'itinéraire de PARIS à STRASBOURG

Après **Frouard**, le convoi rencontre les stations de **Marbache**, de **Dieulouard**, ou on remarque une église très-curieuse du XVe siècle. A **Pont-à-Mousson** on peut visiter la Source d'eaux minérales ferrugineuses, — les Eglises Saint-Martin et Saint-Laurent. — La Maison des 7 Péchés Capitaux. Le *Pont* de **Pagny-sur-Moselle**, — de **Novéant**, — de **Ars-sur-Moselle**, — de :

METZ.—Place de guerre fortifiée par Vauban. A visiter : Le Cabinet d'Histoire naturelle, — le Jardin des Plantes, — l'Ecole d'application pour le génie et l'artillerie, — la Cathédrale, — les Eglises Saint-Martin, — Saint-Ségalène, — Saint-Maximin, — Sainte-Euchaire, — Notre-Dame, — la Synagogue, — le Palais-de-Justice, — l'Hôtel-de-Ville, — la Préfecture, — le Théâtre, — la Bibliothèque, — les Forts, — l'Arsenal, — la Fonderie, — les Casernes, — les Places, — les Ponts, — les Promenades, etc.

Embranchement de la ligne de **Metz** à **Thionville**.

Le train s'arrête ensuite à **Forbach**, après avoir dépassé les stations de **Peltre**, de **Courcelles-Chaussy**, de **Remilly**, de **Herny**, de **Faulquemont**, de **Saint-Avold**, de **Hombourg**, de **Bening-Merleboch**.

Embranchement de la ligne de **Metz** à **Sarreguemines**, de **Cocheren**.

Forbach, correspondance pour **Sarrebruck, Wiesbaden, Mayence, Francfort, Hombourg** et **Nauheim**.

EMBRANCHEMENT

DE

LA LIGNE DE NANCY, METZ, FORBACH ET BENING-MERLEBACH

A

Sarreguemines

Cet embranchement part de la ligne de Forbach et bifurque à la station de **Bening-Merlebach**, pour rencontrer les stations de **Farschwiller**, de **Hundling** et de son point d'arrivée :

SARREGUEMINES. — Située sur la frontière de la France, de la Prusse et de la Bavière. On peut y visiter des fabriques de faïence, de poteries, de velours, d'allumettes, etc.

EMBRANCHEMENT

DE

LA LIGNE DE PARIS

A

Metz et à Thionville

Voir, pour les stations de PARIS à METZ, l'itinéraire de PARIS à METZ et FORBACH

En quittant Metz, le train rencontre les stations de **Devant-lès-Ponts, — Maizières-lès-Metz, — Hagondanges, Uckange**, d'où on peut aller visiter les importantes forges de *Hayange*.

Après Uckange, la première station est celle de **Thionville**. (Voir page 14.)

Le réseau français est relié à **Thionville** au réseau allemand pour la correspondance entre cette ville et celles de **Hattembourg, — Luxembourg. — Arlon**.

Embranchement de la ligne de MÉZIÈRES.

EMBRANCHEMENT

DE

LA LIGNE DE PARIS

A

Nancy, Épinal, Vesoul et Gray

Pour les stations entre PARIS et BLAINVILLE, voir l'itinéraire de PARIS et STRASBOURG

En sortant de la gare de Nancy, le train suit la ligne de Strasbourg jusqu'à Blainville, bifurque à droite pour trouver les stations de **Einvaux**, de **Bayon**, place de guerre, de **Charmes** (qui dessert la ville manufacturière de **Mirecourt**, de **Chatel-Nomexy**, de **Thaon**, d'**Epinal**, où on remarque les ruines du Château-fort, — la

Préfecture, — l'Hôpital, — l'Eglise Saint-Maurice, — les Fabrique d'images — de **Douxnoux**, de **Xertigny**, de **Bains** qui possède des eaux thermales dont la qualité et la pureté sont justement renommées, — de **Aillevillers-Plombières** où on visite une très-belle église ainsi que les fabriques d'absinthe et de kirsch. Voitures de correspondances pour Plombières, qui possède 4 établissements de bains : le Bain Impérial, — le Bain Romain, — le Bain des Capucins, — le Bain des Dames, qu'alimentent 15 sources d'eaux minérales thermales.

Visites et promenades aux environs de Plombières, à la vallée de **Forges**, — au **Val d'Ajol**, par la **Feuillée**, retour par la **Vallée des Roches**; la Taillanderie, — les Fontaines Stanislas et du Renard, — le Cours des Dames, — la *Ferme Jacquot*, — le Moulin-Joli et le Calvaire.

Après la station d'**Aillevillers**, le train continue sa marche et rencontre celle de **Saint-Loup**, d'où l'on peut faire une charmante excursion à **Luxeuil**, qui possède un établissement d'eaux thermales et où on remarque une église et des maisons très-curieuses; dans les environs de Luxeuil, le touriste peut visiter la *Fontaine des Romains*, — la *Fontaine d'Apollon*, — celle des *Bons-Cousins* et l'ermitage de Saint-Valbert.

Après **Saint-Loup**, viennent les petites stations de **Conflans**, de **Taverney**, de **Port-d'Atelier**, de **Port-sur-Saône**, de **Vaivre** et le convoi entre dans la gare de :

VESOUL. — Où on remarque le Palais-de-Justice, — l'Eglise paroissiale, — la Préfecture, — l'Hôtel-de-Ville et dans les environs : la Grotte-de-la-Roche, — la Colline et la Chapelle de la Motte, — la Source du Frais-Puits.

Le train ensuite s'arrête à **Gray**, après avoir dépassé les stations sans importance pour l'excursionniste de **Mont le-Vernois**, de **Noidans-le-Ferrou**, de **Fresne-Saint-Mamés**, de **Vellexon**, de **Seveux**, d'**Autet** et de **Vereux-Beaujeu**.

GRAY. — (Embranchement sur le chemin de fer de Lyon).

A visiter : l'Eglise paroissiale, — l'Hôtel-de-Ville et le Château féodal.

EMBRANCHEMENT
DE
LA LIGNE D'ÉPINAL
A
Remiremont

Voir, pour les stations de NANCY à ÉPINAL, les pages 17 et 18

Les stations, entre **Epinal** et **Remirement** sont : **Dinoze, Arches, Pouxeux, Eloyes, Saint-Nabord.**

REMIREMONT. — A visiter : le Saint-Mont et son ancienne Abbaye. Nombreuses excursions aux environs : de **Remiremont** au **Thillot**, à **Cornimont, Vagney, Rochesson** et **Gérardmer.** De **Gérardmer** au **Saut-des-Cuves,** à la **Roche-du-Diable, Schluscht, Retournemer, Longemer,** glacière du **Hertoff,** et retour à **Gérardmer** par la vallée de **Granges.** De **Gérardmer** au **Tholy,** à **Tendon** et à **Remiremont.**

EMBRANCHEMENT
DE
PARIS ET LUNÉVILLE
A
Raon-l'Étape-la-Neuveville et Saint-Dié

Pour les stations de PARIS à LUNÉVILLE, voir l'itinéraire de
PARIS à STRASBOURG

En quittant **Lunéville,** le train traverse les stations de **Saint-Clément,** de **Ménil-Flin,** d'**Azerailles,** de **Baccarat** dont on peut visiter les magnifiques cristalleries, de **Bertrichamps** et de **Raon-l'Etape,** une des gares les plus importantes de cet embranchement, puis viennent les stations de **Etival-Clairfontaine,** de **Saint-Michel,** et le train arrive à :

SAINT-DIÉ. — Où on visite la Cathédrale et l'Eglise carlovingienne. Nombreuses, charmantes et pittoresques promenades aux environs :

EXCURSION D'UN JOUR. — **Saint-Léonard, Anould** (papeteries du Souche), **Fraize, Plainfaing, Habeaurupt**, filatures et tissages importants, cascade de **Rudelin, Valtin** (dîner, truites renommées), retour par : le **Grand-Valtin**, la vallée de **Straiture, Clefcy.**

EXCURSION D'UN JOUR. — Visite aux anciennes abbayes d'**Etival**, de **Moyenmoutier**, de **Senones** (résidence de Dom Calmet, aujourd'hui filatures et tissages considérables).

EXCURSION DE DEUX JOURS. — 1er jour. **Clefcy, Straiture**, lac de **Longemer**, route de l'Empereur, roche du Diable, **Schluscht.**

(A) 2e Jour **Honeck**, lac de **Retournemer, Gérardmer** et lac, **Saut-des-Cuves, Geslépol, Anould.**

EXCURSION DE DEUX JOURS. — 1er jour. **Moyenmoutier, Senones, Moussey**, le **Grand-Bras, Prayé**, lac **Lamcey, Grand-Fontaine.**

2e jour. **Donon, Raon-sur-Plaine, Luvigny, Celles, Raon-l'Etape, Etival.**

EXCURSION DE DEUX JOURS. — 1er jour. **Fraize, Noiregoutte, Rudelin, Luspach**, lac **Blanc**, lac **Noir**, lac **Vert, Tan Eck, Schluscht.**

2e jour. (Comme le second jour de l'excursion.) **(A)**

EXCURSION DE TROIS JOURS. — 1er jour. **Habeaurupt**, cascade du **Rudelin, Valtin Schluscht.**

2e jour. **Honeck, Retournemer, Longemer, Saut-des-Cuves, Gérardmer.**

3e jour. Vallée de **Granges**, glacière du **Hertorff, Champ-le-Duc**, ancienne maison de chasse de Charlemagne, — petite Eglise intéressante, — Fonts baptismaux, **Bruyères** (jardin Merlin), vallée des **Rouges-Eaux, Haut-Jacques**, vallée de **la Bolle.**

EMBRANCHEMENT

DE

LA LIGNE DE PARIS ET STRASBOURG

A

Wissembourg

Voir, pour les stations de PARIS à STRASBOURG (Vandenheim)
l'itinéraire de PARIS à STRASBOURG

La bifurcation de cet embranchement est à **Vandenheim** ; les stations sont celles de **Hœrdt**, de **Bischwil-
ler**, de **Marienthal**, de :

HAGUENAU. Place de guerre de quatrième classe. On
y visite les Eglises Saint-Nicolas et Saint-Georges. De
Haguenau on peut se rendre à **Niederbronn** par
l'embranchement qui existe à cette station. **Wabourg**
est la première station après Haguenau, et elle est suivie
de celle de **Soultz-sous-Forêt**, où on trouve encore
des eaux minérales.

Le convoi entre dans la gare de Wissembourg après
avoir dépassé les stations de **Hoffen** et de **Hundspach**.

WISSEMBOURG. — Place de guerre. A visiter : l'Eglise
paroissiale, — le Temple Saint-Jean, — la Tour militaire,
la Sous-Préfecture, — les Casernes, — l'Hôtel-de-Ville, —
le Fossé-Rempart, — les Fortifications et la petite place
forte de **Lautembourg**.

A **Wissembourg** la ligne française se relie avec la
ligne allemande pour la correspondance avec **Mayence**,
Francfort et **Wiesbaden**.

EMBRANCHEMENT

DE

LA LIGNE DE STRASBOURG ET HAGUENAU

A

NIÉDERBRONN

De STRASBOURG à HAGUENAU, voir l'itinéraire de l'embranchement de STRASBOURG à WISSEMBOURG, page 21

Les stations qui suivent **Haguenau** sont celles de : **Schweigausen**, où on remarque des Draperies et des scieries mécaniques importantes, de **Mertzwiller**, de **Mietesheim**, de **Gundershoffen**, de **Reischoffen**, l'*usine*, de **Reichsoffen**, où se trouve une fontaine d'eaux minérales, de **Niederbronn** point d'arrivée dont on peut visiter les *Hauts-Fourneaux* et les sources d'eaux minérales salines ferrugineuses. Excursion à la petite ville fortifiée de **Bitche**.

EMBRANCHEMENT

DE

LA LIGNE DE PARIS

A

Strasbourg, Mulhouse et Bâle

Voir, pour les stations de PARIS à STRASBOURG, l'itinéraire de la ligne de PARIS à STRASBOURG

Le train en quittant Strasbourg rencontre les stations de **Geispolsheim**, où on remarque une très-belle église, de **Fegersheim** et les ruines du château de GUIBADEN, de **Limershein**, d'**Ersthein** et le château d'OSTHAUSEN, de **Matzenheim**, de **Benfeld**, de **Kogenheim**, d'**Ebersheim** d'où on découvre la cime du UNGERSBERG et le château de BERSTEIN, de :

SCHLESTADT, ville fortifiée par Vauban : on y visite les Eglises Saint-Georges et Sainte-Foy, le Palais de Justice, le Collége, l'Hôpital du Sylo, la Flèche de l'Eglise des Récollets, Excursions aux Ruines de Hohe-Kœnigsbourg, de Franckenbourg et de Dambach, — de **Saint-Hippolyte** de **Ribeauville**, où on visite les Ruines d'anciens châteaux féodaux ; d'**Ostheim**, de **Bennwihr**, de :

COLMAR, où on visite la Cathédrale et la Bibliothèque. Excursions à la ville fortifiée de **Neuf-Brissach** au pélérinage des **Trois-Epis**, aux Lacs **Blanc** et **Noir**, à la Schlucht, ascension au Honeck. Le Touriste ne doit pas quitter **Colmar**, sans visiter ses importantes filatures, — d'**Eguisheim**, — Ascension aux trois châteaux d'Eguisheim, — de **Herrlisheim**, de **Rouffach**, de **Merxheim**, de **Bollwiller**.— Ascension du ballon de Guebwiller, le plus haut des Vosges. On peut descendre vers la vallée de Saint-Amarin, visiter les ruines de Wildenstein, et reprendre le chemin de fer à Wesserling, — de **Wittelsheim**, de :

LUTTERBACH (embranchement se dirigeant sur Wesserling), de **Dornach**, de **Mulhouse** (Voir itinéraire de **Paris** à **Mulhouse**), de **Rixheim**, de **Habsheim** de **Siérentz**, de **Barthenheim**, de **Saint-Louis**, d'où l'on peut faire une petite excursion à **Huningue**. Après cette dernière station le convoi entre en gare de Bâle, dont on trouvera la description à la partie consacrée aux *voyages circulaires en Suisse.*

EMBRANCHEMENT
de Lutterbach à Wesserling

En quittant **Lutterbach**, le train passe aux stations de **Cernay**, de **Thann**, où on visite l'Eglise de **Thibault**. — Excursions au Château d'Engelbourg, à la vallée de **Saint-Amarin**, aux Verreries, aux Ruines de Bitschwiller, — de **Viller**, de **Saint-Amarin** et on arrive à **Wesserling**, où on visite les importantes manufactures de toiles peintes.—Excursions aux Cascades de la Thur et au Col de Bussang.

Ligne de Strasbourg à Barr

Le train en partant de **Strasbourg** traverse les stations de **Lingolsheim**, de **Holtzheim**, de **Entzheim**, de **Duppingheim-Kolb**, de **Daschtein-Altorff**, de **Molsheim**. (Embranchement de la ligne de **Strasbourg** à **Wasselonne** et **Mutzig**), de **Dorlisheim**, de **Rosheim**, de **Bischoffsheim**, d'**Obernay**, de **Goxwiller**, de **Gertwiller** et de **Barr**, où on trouve des Bains minéraux, — des importantes Fabriques de chaussons de Strasbourg. Excursions à **Bonfeld** et à **Schlestadt**, — à **Sainte-Odille**. — au château de **Guirbaden**, — aux ruines de **Landzberg**, — de **Mennelstein**, — d'**Andlau** et de **Spechsberg**, — le champ du **Feu** et la cascade de **Hohwald**.

EMBRANCHEMENT

DE

De Moesheim à Wasselonne et à Mutzig

Pour les stations de STRASBOURG à MOLSHEIM, voir l'itinéraire de STRASBOURG à BARR

En quittant **Molsheim**, le convoi dépasse les stations de **Avolsheim**, de **Soultz-les-Bains** où on trouve des eaux minérales de **Scharachbergeim**, — de **Kircheim**, de **Marlenheim**, de **Wangen** et de **Wasselonne**.

WASSELONNE. — Excursions au **Wangenbourg**, au **Schneeberg** (montagne de neige); à la cascade et au château de **Niedeck** (retour par la station de **Mutzig**).

EMBRANCHEMENT

DE

LA LIGNE DE PARIS

A

Strasbourg, Mulhouse, Schlestadt
à Sainte-Marie-aux-Mines

Pour les stations de STRASBOURG à SCHLESTADT, voir l'itinéraire de PARIS-STRASBOURG à BALE

A **Schlestadt** le train bifurque à droite pour rencontrer les stations de **Chatênois**, de **Val-de-Villie** d'où l'on peut facilement faire une charmante excursion aux ruines du **Hohen-Kœnisgbourg**. Puis après les gares de **Liepore**, de **Sainte-Croix**, le convoi s'arrête à **Sainte-Marie-aux-Mines**.

SAINTE-MARIE-AUX-MINES. — Excursions à **Sainte-Croix-de-Mission**, chaume de **Lusse**, haut **Saint-Dié** (château de fête), **Eschery** et **Wissembach**.

DEUXIÈME PARTIE

VOYAGES CIRCULAIRES

Organisés par la Compagnie

Des Chemins de Fer de l'Est

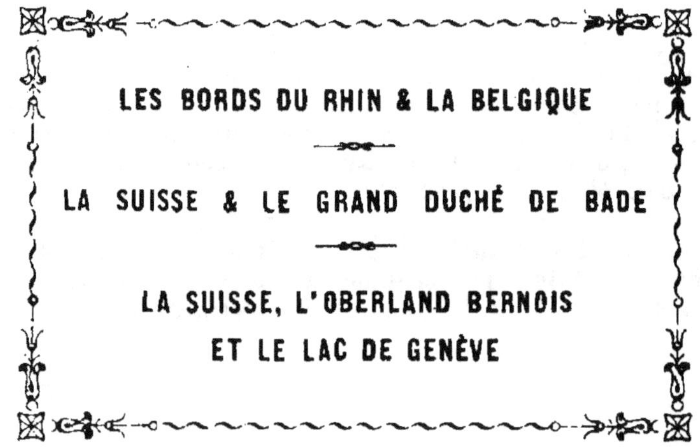

S'ADRESSER

Au BUREAU CENTRAL des VOYAGES à PRIX RÉDUITS

20, Boulevard Saint-Denis, à Paris

POUR

LES CONDITIONS, PROSPECTUS ET BILLETS

VOYAGE CIRCULAIRE

AUX

BORDS DU RHIN ET EN BELGIQUE

Prix du Voyage **130** fr., 1re classe

Durée du Voyage : 1 mois à dater du jour où les Billets sont délivrés.

Bagages : 25 kil. sur tout le parcours excepté sur celui de Kehl à Francfort

Départ par les lignes de l'Est.
Retour par les lignes du Nord. } *ou vice versâ.*

SÉJOUR FACULTATIF

Nancy, Strasbourg, Baden-Baden, Heidelberg, Carlsruhe, Mannheim, Darmstadt, Francfort, Mayence, Bingen, Wiesbaden, Ems, Coblence, Bonn, Cologne, Aix-la-Chapelle, Spa, Liége, Bruxelles et en général toutes les stations des chemins de fer de l'Est et du Nord.

MM. les Voyageurs porteurs de Billets du Voyage circulaire aux Bords du Rhin et en Belgique doivent se munir d'un passeport.

MONNAIE

De Kehl à Ems, la monnaie allemande seule a cours ; on peut facilement s'en procurer à Strasbourg.

De Coblence à Aix-la-Chapelle, les Voyageurs doivent se munir de monnaie prussienne.

RENSEIGNEMENTS

SUR LES

PRINCIPALES VILLES ET STATIONS

DU VOYAGE CIRCULAIRE

AUX BORDS DU RHIN ET EN BELGIQUE

Avec les Billets de ce Voyage circulaire, les Touristes ont la faculté de partir par la ligne du Nord, c'est-à-dire de remonter le Rhin en effectuant leur retour par Strasbourg, ou celle de partir par Strasbourg en rentrant à Paris par le chemin de fer du Nord.

Cette dernière manière étant adoptée par les excursionistes qui tous, généralement, préfèrent descendre le Rhin, ce petit Guide en suivra l'itinéraire en faisant halte aux arrêts mentionnés sur le programme de l'excursion.

Pour les renseignements sur les principales villes et stations de Paris à Strasbourg, consulter la première partie de ce petit livre (*Itinéraire de Paris à Strasbourg*).

Après un ou deux jours de promenades dans la ville de Strasbourg, le voyageur remonte en wagon pour se rendre à Baden-Baden. — Le convoi, après avoir traverse la magnifique prairie qui sépare Strasbourg du Rhin, passe d'abord sur le pont métallique du petit Rhin, arrive au magnifique pont de Kehl, qui mesure 245 mètres de longueur et s'arrète à Kehl.

Lorsque les formalités de douane et de passeport sont terminées, les voyageurs changent de voiture et le train, remis en marche, ils peuvent admirer la pittoresque et splendide beauté des paysages qui séparent Bade de Kehl. — Aux stations d'**Appenweïerr** et de **Oos**, les voyageurs pour Baden changent de voiture.

BADEN-BADEN

Admirablement située à deux lieues du Rhin.—Sources d'Eaux chaudes renommées par leur efficacité.

PROMENADES, VISITES ET EXCURSIONS. — **La Maison de Conversation** : le grand Salon, la Salle de bal, le

Salon des Fleurs, le Salon des Jeux, le Kiosque des Concerts, le Bazar. — L'Eglise catholique. — L'Allée de **Lichtenthal**. — La **Trinkhalle**. — La Cascade de Geroldsau. — La Source Ursprung et sa terrasse. — Le Château neuf. — Le vieux Château. — Les Cascades d'**Allerheiligen**. — Achern et les ruines. — Le Châlet des Chèvres. — Le Château d'Eberstein. — La Vallée de la Murg. — La Verrerie de Gaggenau. — Les Eaux thermales de Rothenfels. — Le Château de la Favorite.

CARLSRUHE

En quittant Bade, le train rencontre les stations de **Oos** (changement de voitures), **Rastatt**, ville forte, **Maggensturm, Malsch, Ettlingen** et arrive dans la capitale du grand duché de Bade.

PROMENADES, VISITES ET EXCURSIONS. — La Statue de Winter. — L'Arc de Triomphe. — L'Obélisque. — Le Palais Margrave. — La Pyramide. — La Statue du grand duc Louis. — L'Eglise protestante. — L'Hôtel-de-ville. — La Statue du grand duc Charles-Frédéric. — Le **Château** : la Salle des fêtes, le Salon des glaces, la Bibliothèque, la Plate-forme. — Le Jardin botanique. — Les Serres. — Le Théâtre. — Le Musée de Peinture. — Le Cimetière. — L'Ecole polytechnique. — Le Haras.

HEIDELBERG

PROMENADES, VISITES ET EXCURSIONS. — La Promenade d'Anlagen. — La Statue de Wrede. — L'Eglise Saint-Pierre. — Le **Vieux Château**. — La Porte Elisabeth. — La Forteresse. — Les ruines du Friedrichbau. — La Terrasse. — Les grands et les petits Tonneaux. — La Galerie d'antiquités. — L'Intérieur des ruines. — Le Panorama de la Molkencur. — La Premenade des Philosophes. — L'Hirschgasse, café des étudiants. — L'Hôtel des Chevaliers.

MANNHEIM

D'Heidelberg à **Mannheim**, le convoi passe devant la station de Friedrichsfeld où les excursionnistes peuvent s'arrêter pour faire une petite excursion au château et aux magnifiques jardins de **Schwertzingen**.

Promenades, visites et excursions à **Mannheim**, jolie ville, 2e résidence du grand duc de Bade. — Le Château et son parc. — La Fontaine et la Parade Platz. — La statue de Schiller. — Le Théâtre. — Les anciens Remparts. — Le Pont suspendu. — L'Eglise des Jésuites. — La Bibliothèque. — Le Jardin botanique. — L'Observatoire. — La Synagogue. — L'Arsenal.

En quittant Mannheim, le convoi dépasse les stations de **Cross-Sachsen. — Weinheim. — Hemsbach. — Heppenheim. — Bonnsheim. — Auerbach. — Zwingerberg** d'où l'on peut faire une excursion aux montagnes de **Meliboeus** et du **Felsberg, Bukenbach, Eberstad** et s'arrête à

DARMSTADT

Capitale du grand duché de **Hesse-Darmstadt**.

Promenades, visites et excursions. — La Place Louise. — La Statue du grand duc Louis. — Le nouveau Palais. — Le Collége. — La Place Mathilde. — Le Théâtre. — L'Exercerhaus. — Les Statues de Philippe-le-Magnanime et de Georges Ier.

Le **Vieux Château** : sa Plate-forme, son **Musée de** peinture, son Jardin seigneurial. — La Chapelle funéraire des grands ducs.

Après avoir visité Darmstadt, le touriste remonte en chemin de fer pour se rendre à

FRANCFORT

Ancienne ville libre, et ancien siége de la Diète et de l'administration fédérale, située sur le Mein.

Promenades, visites et excursions. — Parade Platz. — L'Eglise Sainte-Catherine. — La Bourse. — L'Eglise Saint-Paul. — Le **Rœmer** (hôtel de ville). — La Place de Romerberg. — La Place du Marché. — La Cathédrale. — La Prison pour dettes. — La rue des Juifs. — La Synagogue. — La Porte d'Eschenheim. — La Place Goethe. — Le Groupe de Gutemberg. — Le Musée Stadel. — Le Musée Bethmann. — Le Monument des Hessois. — Le Jardin zoologique.

EXCURSIONS

AUX

ENVIRONS DE FRANCFORT

HOMBOURG-LES-BAINS

Capitale du duché de **Hesse-Hombourg**, posssède des sources d'**Eaux** minérales. — Visites au château du Landgrave, au Kursaal, magnifique et splendide établissement qui n'a pas de rival en Allemagne. — Trois fois par jour Concerts dans les jardins. — Promenades à la Terrasse d'été, à la Veranda, etc., etc.

NAUHEIM

Jolie ville de la **Hesse-Cassel,** possède également des sources d'Eaux minérales. — On y visite le Kursaal, ses Jardins, — le Lac, — les Salines et la Source de Friedrich-Wilheim.

WILHEMSBADE

Située aussi dans la Hesse-Cassel. — Visites au Casino, au Parc, au Tir, à la Grotte de l'Ermite, etc.

Excursions aux Eaux thermales de **Soden**, — aux Ruines du vieux château de **Königstein**, aux montagnes du Altkœnig et du grand Feldberg.

Pour se rendre de Francfort à Mayence, les voyageurs peuvent prendre, soit le chemin de fer de **Hess-Ludwigs**, soit celui de **Taunus**. Ce dernier moyen est généralement préféré à cause du pittoresque de sa route.

MAYENCE

Ancienne et grande ville fortifiée de la province de la **Hesse-Rhénane**, située sur la rive gauche du Rhin, près du confluent du Mein. Ses forts et ses casernes sont remarquables.

De Mayence, on se rend à Wiesbade, soit par le chemin
de fer, soit par bateau à vapeur.

WIESBADE

Capitale du duché de **Nassau**, célèbre par ses sources
d'eaux thermales.

Visites, promenades et excursions. — Le Kursaal, le
Parc et son Lac. — L'orchestre de symphonie militaire.
— Le Salon de lecture. —Les sources d'eaux thermales.—
Le Musée. — Le Ministère. — L'église Saint-Boniface. —
Le Palais-Ducal, — Le château de la Platte. — La Cha-
pelle grecque.—Le magnifique panorama du **Neroberg**
— au château du Johannisberg.

Nota. — Deux voies sont ouvertes aux excursionnistes
munis de **Billets circulaires sur les Bords du
Rhin et en Belgique.**

Pour se rendre de **Wiesbade** ou de **Mayence à
Ems**, à **Coblence** et à **Bonn** : celle du chemin de fer
dont l'itinéraire est compris dans le prix du Billet, et
celle de la descente du Rhin en bateau à vapeur. — Ce
dernier moyen de transport est à la charge des voyageurs.
— Le trajet coûte 4 fr. 50 environ, et le touriste préfère
toujours, et avec raison, jouir du plus bel attrait de son
voyage : le merveilleux panorama des Bords du Rhin !

POINTS REMARQUABLES DE L'ITINÉRAIRE

Gauche.	Droite
	Le château de Biebrich.
	L'Eglise gothique de Elfeld.
	Erbach.
Nieder Ingelheim.	OEstricht.
	Winkel, son église et son château de Johannisberg.
	L'Eglise de Geisenheim.

Gauche	Droite
	La Tour du Rudesheim.
	Les ruines d'Ehrenfeis.
	Les vignobles d'Assmannhausen.
Le Bac de Kempten.	
Bingen (Prusse).	
Le Trou de Bingen.	
Le château de Rheinstein.	
L'Eglise gothique de Saint-Clément.	
La Vallée et les Ruines du château de Falkemburg.	
La Tour du château de Sonneck.	
Le château de Heimburg.	
	L'embouchure de la Wisper.
	Le Rocher du Diable.
Les Ruines du château de Furstemberg.	
Le château de Stahleck.	

La Tour de la Pfalz au milieu du fleuve.

Gauche	Droite
	Le château de Gutenfels.
Les ruines du château de Schomberg.	
Le Rocher de Rosstein.	
	Le rocher de Lurleiet son écho.
	Les ruines du château de Reichemberg.
Les ruines du château de Reinfels.	
	La Tour des Souris.
	Ehrenchal-les-Mines.
	Le château de Sternberg.
	Le château de Liebenstein.
L'Eglise de Boppard.	
	Le château de Liebenech.
	La forteresse de Marksburg.
	Le Konigsstuhl.
	Le château d'Oberlamstein.
	Le château de Lohneck.
Le château de Stozenfels, très-curieux à visiter.	

L'ILE D'OBERWERTH

Le bateau, après avoir dépassé la forteresse d'Ehrenbreitstein, s'arrête à Coblentz.

COBLENTZ

Ville forte, port libre, située au confluent du Rhin et de la Moselle.

Promenades, visites et excursions. — La forteresse d'**Ehrenbreitstein**. — Les fortifications. — Les promenades de la Chartreuse et de la Reine, — Là montagne de Kuhkoff. — Le Théâtre. — Le monument du général Moreau. — Le Château royal. — L'église et la fontaine Saint-Caster. — L'Hôtel-de-Ville et son horloge.

Excursions à

EMS

Joli petit bourg du duché de Nassau situé sur le Lahn possède des sources d'eaux thermales très-fréquentées.

Promenades et visites. — Le Kursaal. — L'ancienne et la nouvelle maison des Bains. — Les Sources. — Le rocher de Schiste. — Le Chalet suisse. — L'Eglise protestante. — Le Pavillon de mousse. — Les Cavernes de Hanselmann. — La Vue du pavillon Mooshütte sur la montagne des 7 têtes. — Les Concerts du Kiosque.

Excursions aux environs. — L'Abbaye d'Arnstein. — Le Château de Lahneek. — Le panorama de Kemmenau. — Les Mines d'Ems, — Les ruines du Spokenburg.

POINTS REMARQUABLES DE L'ITINÉRAIRE DE COBLENTZ A BONN EN BATEAU A VAPEUR

BORDS DU RHIN

Gauche	Droite
	Le couvent de Besselich.
	L'embouchure de la Saynbach.
	Le château de Sayn.
	Le mont Frédéric.
Le château d'Engers.	
La tour de Weissenchurn et le monument de Hoche.	
	Le château de Neuwied.
	Le château de Maurepas.
	Le château du Diable.
Les ruines du château d'Andernach.	
La forteresse de Mamedy.	
	Le château d'Hamerstein.
Les Carrières de Niopes.	
Le château de Rheineck.	
	Le château d'Argeufels.
	L'église de Lubsdorf.
L'Eglise de Siuzigs.	Le château d'Ockenfels.

<table>
<tr><td>Gauche</td><td>Droite</td></tr>
<tr><td></td><td>La croix du Hummelsberg.
Les vignobles de l'Eperler-Leï.</td></tr>
<tr><td>L'Église Saint-Appollinaire.
Le rocher de Roland.</td><td></td></tr>
</table>

L'ILE DE NONNENWERTH

Melheim. — Excursion à **Konigswinter** et aux sept montagnes.

Le bateau arrive à **Boon** après avoir rencontré la Tour de l'ancien château de **Godesberg**.

BONN

Jolie ville de la Prusse-Rhénane située sur la rive gauche du Rhin.

Visites et promenades. — La Montagne de la Croix. — La Cathédrale, — L'Université. — La maison et la statue de Beethoven. — Les Promenades d'Alter-Zool. — Le Château de Poppelsdorf.

Les bords du Rhin de **Bonn** à **Cologne** sont loin d'offrir les vues pittoresques de son parcours de **Mayence** à **Boon**, aussi les excursionnistes préfèrent-ils se rendre par la voie de fer à

COLOGNE

Ancienne et forte ville, chef-lieu de la Prusse-Rhénane, située sur la rive gauche du Rhin.

Visites et promenades. — La Cathédrale dans tous ses détails; ascension à sa galerie; magnifique panorama. — Les églises de Sainte-Marie, Saint-Géréon, Sainte-Ursule, Saint-Pierre, des Apôtres. — L'Hôtel-de-Ville. — Le Musée. — Le Burzenich. — Le Jardin des Plantes. — Le Jardin zoologique. — Les Promenades des Glacis et de la Pépinière.

De Cologne on se rend par le chemin de fer à :

AIX-LA-CHAPELLE

Grande et ancienne ville de la Prusse-Rhénane, possède des eaux minérales ferrugineuses très-renommées.

Promenades et visites. — La Cathédrale. — Le Curhaus. — L'Hôtel-de-Ville. — La Fontaine Elise. — Le Jardin des bains. — Les églises de Saint-Léonard, Saint-Augustin, Saint-Michel. — Le Mont Laugsberg. — Excursions à la Maison de chasse de Charlemagne.

Après avoir visité Aix-la-Chapelle, le touriste remonte en vagon et à la station de **Herbesthal** entre en Belgique. — A **Verviers**, visite de la douane. — Excursions aux Mines de la Vieille montagne. — A **Pepinster**, embranchement; les voyageurs pour Spa changent de voitures.

SPA

Jolie ville de la Belgique, province de Liége, très-renommée pour l'efficacité de ses eaux minérales, de son climat sain et fortifiant.

Promenades et visites. — Les Sources. — Le Casino. — La Promenade du Marteau et l'Allée des Sept-Heures.

Excursions aux environs. — La Cascade de Coo. — La Grotte de Remonchamps. — Les ruines de Franchimont. — Les Sources du Tonnelet. — La Source de la Geronstère. — Le Ravin des Artistes et la Promenade Meyerbeer. — La Tour des Fontaines.

De Spa, les voyageurs reprennent le chemin de fer jusqu'à Pepinster, où ils changent de voiture pour se rendre à Liége.

LIÉGE

Chef-lieu de la province de Liége, située sur la Meuse.

Promenades et visites. — La Cathédrale. — Le Palais de Justice. — L'église Saint-Jacques. — L'Université. — L'Hôtel-de-Ville. — Les Théâtres. — Les Cafés-Concerts. — Les Musées. — Le Casino. — Le Jardin des Plantes. — La Statue de Grétry.

L'excursionniste se rend ensuite à **Bruxelles**, la dernière station importante aux **Bords du Rhin et en Belgique**. — Avant d'arriver dans cette ville, le train s'arrête à Louvain, où on peut visiter l'Hôtel-de-Ville et l'église Saint-Pierre; — à Malines, où on remarque la Cathédrale, le Jardin botanique, les églises Saint-Jean et Notre-Dame.

BRUXELLES

Capitale du royaume de Belgique, située sur la Senne.

VISITES, PROMENADES ET EXCURSIONS. — Le Palais du roi. — L'église des Saints Michel et Gudule. — Notre-Dame-de-la-Chapelle. — Les églises Notre-Dame-de-Bon-Secours, du Sablon, Saint-Jacques, Saint-Jean-Baptiste-Saint-Joseph, etc. — Le Palais du prince d'Orange. — Le Palais de Justice. — L'Hôtel-de-Ville. — Le Sénat. — Les Musées de peinture. — Des Arts et Métiers. — D'Histoire naturelle. — D'Aremberg. — Wiertz. — Géographique. — La Bibliothèque royale. — La Synagogue. — La Place de l'Hôtel-de-Ville et ses curieuses constructions. — Le Jardin Zoologique. — Le Jardin des Plantes. — La Place Royale. — Le Parc. — Le magnifique panorama de la place du Congrès. — Le Quartier Léopold. — L'Allée verte. — Les Boulevards. — Le Bois de la Cambre, qui est le Bois de Boulogne de Bruxelles. — La Place des Martyrs. — La Fontaine et la Place du Grand-Sablon. — La Bourse. — Le Théâtre Royal. — La Statue de Vesale. — Le Marché aux Fruits. — La Fontaine du Manneken-Pis. — La statue du général Belliard. — Les Galeries Saint-Hubert et leur charmant théâtre. — Le Marché aux Fleurs. — La Halle. — L'Hôpital Saint-Jean et celui des Aveugles. — Les canaux de Willebrœck et de Charleroi. — La Caserne du Petit-Château. — Le Théâtre du Parc. — Les Cafés chantants. — Le Bal Marion.

EXCURSIONS AUX ENVIRONS DE BRUXELLLS. — Le Château royal de Laeken. — Le Château de Bouchout et celui de Grimberghe. — l'île d'Anderlecht. — Groenendal. — L'église de la Hulpé. — Les ruines de l'abbaye de Villers. — Vilvorde. — Le Champ de bataille de Waterloo. — La Ferme de Hougoumont. — La Belle Alliance. — Planchenoit. — Le Lion et le Panorama de sa plate-forme.

Excursions à **Anvers, Gand, Courtray, Tournay, Bruges**, aux bains de mer d'**Ostende**, plage magnifique, bains très-suivis, et la ville propre et coquette.

Bruxelles est la dernière station inscrite sur le billet du touriste aux bords du Rhin et en Belgique. Deux voies différentes sont offertes pour effectuer le retour à Paris :

Celle de Mons, Maubeuge et Saint-Quentin.

Celle de Mons, Valenciennes, Arras et Amiens.

Les touristes ont la faculté de s'arrêter à toutes les stations intermédiaires du parcours de Bruxelles à Paris, sur les lignes de la Compagnie des chemins de fer du Nord.

STATIONS IMPORTANTES A VISITER :

LIGNE DE MONS, MAUBEUGE ET SAINT-QUENTIN

Maubeuge. — A VISITER : l'Eglise paroissiale.

Saint-Quentin. — A VISITER : l'ancienne Cathédrale. — L'église Saint-Jacques. — L'Hôtel-de-Ville. —L'Hôtel-Dieu.

Noyon. —A VISITER : la Cathédrale.—L'Hôtel-de-Ville.

Compiègne, résidence de la famille impériale pendant l'automne. — A VISITER : le Château. — L'Hôtel-de-Ville.— Les églises Saint-Antoine et Saint-Jacques.

Excursion à **Pierrefonds**.

Creil, — A VISITER : les ruines de l'abbaye de Saint-Euremont. — La manufacture de faïence anglaise et de porcelaine opaque.

LIGNE DE MONS, VALENCIENES, ARRAS, AMIENS

Valenciennes. — A VISITER : les églises Saint-Géry, Notre-Dame, Saint-Nicolas. — L'Hôtel-de-Ville. — Le Théâtre. — L'Hôpital général. — L'Arsenal.— Le Musée. — Les fabriques de dentelles. — Excursions aux sources d'Eaux minérales de **Saint-Amand-les-Eaux.**

Douai. — A VISITER : la Fonderie de canons. — L'Hôtel-de-Ville. — Le Beffroi. —Les églises Saint-Pierre, Saint-Jacques, Notre-Dame. — Le Palais de Justice.

Arras. — A VISITER : l'Hôtel-de-Ville. — La Cathédrale. — La chapelle des Bénédictins. — Le Palais de Justice. — L'Evéché. — Le Séminaire. —La Préfecture. — Les Manufactures. — Excursion aux ruines des châteaux de **Saint-Pol.**

Péronne. — Le Château. — L'église Saint-Jean. — L'Hôtel-de-Ville. — Excursions au château de **Bouches** et au pélerinage de **Notre-Dame-du-Moyen-Pont.**

A partir de **Creil** le train entre dans la division des **Environs de Paris** en passant par **Pontoise, Ermont, Enghien, Saint-Denis** pour s'arrêter dans la magnifique gare du chemin de fer du Nord à **Paris,** terme du **Voyage circulaire aux Bords du Rhin et en Belgique.**

VOYAGE CIRCULAIRE

EN SUISSE

ET DANS LE

GRAND DUCHÉ DE BADE

PRIX DU VOYAGE

1re Classe : **143** f. **80** ⚥ 2e Classe : **104** f. **95**

BILLETS VALABLES PENDANT UN MOIS

SÉJOUR FACULTATIF

En France : Troyes, Chaumont, Langros, Vesoul, Mulhouse, Strasbourg, Nancy, Châlons-sur-Marne. — En Suisse : Bâle, Olten, Lucerne, Zug, Zurich, Rapperchwyll, Weesen, Ragatz, Rorschach, Glaris, Coire, Romanshorn, Constance, Schaffhouse, Neuhausen. — Duché de Bade : Singen, Waldshut, Lauffenbourg, Mullheim, Fribourg-en-Brisgau, Baden-Baden, et, en général, toutes les stations intermédiaires du parcours.

Distribution des Billets, Renseignements et Prospectus spéciaux à Paris

Bureau Central des Voyages à Prix Réduits

20, BOULEVARD SAINT-DENIS, 20

Franchise de **25** *kil. de Bagages*

MONNAIE

De Bâle à Constance, on se sert de monnaie Suisse. De Constance à Bade et à Kehl, la monnaie allemande seule a cours.

NOTA.—MM. les Excursionnistes du **Voyage Circulaire en Suisse et dans le grand duché de Bade** doivent se munir d'un **passeport**.

RENSEIGNEMENTS

SUR LES

PRINCIPALES VILLES ET STATIONS

COMPRISES DANS L'ITINÉRAIRE DU

VOYAGE CIRCULAIRE EN SUISSE

ET DANS

LE GRAND DUCHÉ DE BADE

Les touristes munis de Billets d'excursions spéciaux ont la faculté, en partant de **Paris**, d'effectuer leur voyage soit par **Mulhouse, Bâle, Oiten**, etc., soit par **Strasbourg, Bade, Fribourg**, etc., comme pour l'excursion qui précède ; ce petit livre suivra l'itinéraire indiqué sur les prospectus et les affiches, **Mulhouse, Bâle**, etc. Cette dernière manière d'exécuter le voyage est généralement adoptée par les porteurs de Billets circulaires.

Pour les renseignements sur les principales villes et stations de **Paris à Mulhouse**, consulter la première partie du Carnet-Guide : *Itinéraire de Paris à Mulhouse*.

En quittant Mulhouse, le train passe devant la station de **Saint-Louis**, et entre dans la belle gare de **Bâle**.

BALE

Grande et belle ville, très-riche et très-commerçante, capitale du canton de Bâle (Suisse), située sur les deux rives du **Rhin**, au confluent de la **Birse**.

VISITES, PROMENADES ET EXCURSIONS. — Le magnifique pont du Rhin qui relie les deux parties de la ville. — La Cathédrale. — La Terrasse et son beau point de vue. — Le Musée. — L'Hôtel-de-Ville. — Le Monument de Saint-Jacques.

En quittant Bâle, le train traverse un charmant paysage, passe le tunnel de **Hauenstein**, long de deux kilomètres et demi, s'arrête à Oltein, où les voyageurs changent de voiture, longe le lac de Sempach et s'arrête à

LUCERNE

Capitale des cantons de Lucerne (Suisse), ville ancienne située à l'extrémité nord du **Lac des Quatre-Cantons**.

Visites et promenades. — L'Arsenal. — L'Eglise collégiale.— Les trois Ponts et leurs peintures.— L'Hôtel-de-ville. — La Promenade des Tilleuls. — Le Musée Stouffer. — Le diorama Meyer. — Le Lion de Lucerne.

Excursions aux environs. — **A Weggis,** en bateau à vapeur,et de **Weggis** au **Rigi** par **Staffel.**

Nota. — L'ascension du Rigi est un des attraits les plus merveilleux du voyage en Suisse; cette excursion est indispensable pour le touriste.

Le couvent d'**Engelberg.** — Le Panorama de la Fromagerie d'**Herrenreuti.** — La Chute du **Tatshbœch.** — L'Hospice du Saint-Gothard. — Le Mont-Pilate. — La Chapelle de Guillaume Tell. — **Altorf.**

Pour se rendre de **Lucerne** à **Zurich,** deux voies sont ouvertes aux excursionnistes : 1º par le chemin de fer, trajet compris dans les Billets circulaires; 2º par le lac de **Zug.** Trajet à la charge des voyageurs; mais presque toujours préféré, moyennant un léger supplément, à cause de ses agréments pittoresques.

ZURICH

Chef-lieu du canton de **Zurich.** Belle ville, située sur le lac de ce nom et sur la rivière de la **Limmat.**

Visites et promenades. — La Cathédrale. — L'Ecole Polytechnique et le Panorama splendide de la Terrasse.— Le Palais des Beaux-Arts. — L'Ecole cantonale. — L'Hospice des Aveugles des Sourds-Muets. — Hohe-Promenade. — L'Arsenal. — L'Hôtel-de-Ville. — La Bibliothèque. — Les fabriques de soies et les teintureries. — Promenades sur le lac en bateau à vapeur.

Excursions aux environs. — La Platz et la presqu'île de Platzpitz. — L'Uetliberg. — Les Concerts de Bürgli-

Terrasse. — Le panorama de la Weid. — Einsiedeln. — Pélerinage de Notre-Dame-des-Ermites.

De **Zurich**, le touriste continue l'itinéraire en passant par **Rapperschwyl**, où on remarque un ancien château féodal, par Weesen (changement de voitures) pour arriver à

GLARIS

Chef-lieu de canton. Petite ville située sur la rive droite de la **Linth**.

Visites et promenades. — Le Collége réformé. — La Bibliothèque. — Les fromageries de **Schalziger**. — Les fabriques et les teintureries d'**Enneda**.

Excursions aux environs. — La Cascade de **Leukelbach**. — La Chute de **Diesbach**. —L'établissement des Bains d'eaux sulfureuses de **Stachelberg** et le Panorama de sa Terrasse. — La Cascade de **Fœtschbach**. — Le lac de **Klœnthal**.

Après avoir visité **Glaris** et ses environs, on remonte en chemin de fer. Le train, après avoir dépassé quelques stations, dont la plus importante est celle de **Sargans**, s'arrête à

RAGATZ

Petit bourg, possède une belle église et est célèbre par ses bains d'eaux thermales. L'excursionniste ne doit pas quitter **Ragatz** sans faire une excursion aux Bains et aux Sources de **Pfœffers**. Le point important qui suit **Ragatz** est

COIRE

Chef-lieu du canton des **Grisons**, situé dans une belle plaine sur la **Plessus**.

Visites et promenades. — La Cathédrale. — Le Palais Episcopal, où l'on peut gouter le **Vin de l'Archevêque**. — La Bibliothèque et les fabriques de Kirsch.

Excursions aux environs. — Le château de Reichenau. — La vallée de **Domleschg**. — Le **Heizenberg-Thusis**. — La **Via-Mala**.

De **Coire** on se rend à **Rorschach** en passant de nouveau devant **Ragatz, Sargans** et devant **Rheineck,** où on entre dans la vallée du Rhin. Rorschach, charmante petite ville située sur les bords du lac de Constance. Excursion recommandée aux voyageurs à **Saint-Gall,** chef-lieu de canton.

Le trajet de **Rorschech à Constance** s'effectue en bateau à vapeur. Stations principales : **Friedrickshafen, Romanshorn.**

Constance, jolie ville du grand duché de Bade, située sur le lac de ce nom (formalité de douanes et des passeports).

Visites et promenades. — Le Munster. — Le Lycée. — Le Pont du Lac. — L'Hôtel-de-Ville. — Promenades sur le lac.

Excursions aux environs. — Le château d'**Arenemberg,** habité par l'Empereur Napoléon III dans sa jeunesse. — L'île de **Meineau.** — L'île de **Reicheneau.**

Pour se rendre de Constance à **Schaffhouse,** les voyageurs reprennent le chemin de fer à

SCHAFFHOUSE

Chef-lieu de canton, situé sur la rive droite du Rhin.

Visites et Promenades. — **Neuhausen.** — Le château de **Laufen** et la chute du Rhin.

En quittant **Schaffhouse,** le train ramène les excursionnistes à Bâle, en passant devant 18 stations, parmi lesquelles on peut citer celles de **Waldshut** (embranchement sur Aarau); **Laufenbourg** et son château, **Reinfelden.** — A **Bâle,** on se remet en route pour **Bade** en traversant la station de **Mulheim,** d'où l'on peut faire une charmante excursion à l'établissement thermal de **Badenweiler.** — Puis on s'arrête dans la gare de

FRIBOURG-EN-BRISGAU

Chef-lieu du cercle du Haut-Rhin. Jolie ville, admirablement située.

Visites et promenades.—La **Cathédrale.**—L'Archevêché. — La Préfecture. — L'Université. — L'Entrepôt. — Le **Schlossberg** et son meilleur point de vue.

L'itinéraire du **Voyage circulaire en Suisse et dans le grand duché de Bade** se termine pour le touriste à **Baden-Baden**, d'où l'on se rend après avoir visité **Fribourg.**

BADEN-BADEN

Voir, pour les renseignements, le Voyage circulaire aux Bords du Rhin et en Belgique.

De Bade, les excursionnistes reviennent à Paris en passant par **Kehl, Strasbourg, Nancy**, etc.

(Consulter la première partie de ce petit livre : **Renseignements sur les principales villes et stations de PARIS à STRASBOURG.**)

VOYAGE CIRCULAIRE

DANS

L'EST DE LA FRANCE

LA SUISSE

(Oberland Bernois)

ET LE LAC DE GENÈVE

Billets valables pendant UN ou DEUX mois

PRIX DU VOYAGE

Billets valables pendant 1 mois	Billtes valables pendant 2 mois
1re Classe : **137** fr.	1er Classe : **151** f. **20**
2me Classe : **104** fr.	2e Classe : **114** f. **90**

Séjour facultatif

Dans toutes les villes du parcours de la ligne de Paris à Strasbourg ou de la ligne de Paris à Mulhouse et à Bâle, Olten, Lucerne, Alpnach, Brientz, Interlaken, Biessbach, Neuhaus, Scherzligen, Thun, Berne, Fribourg, Lausanne, Genève, Mâcon et Dijon.

Distribution des Billets, Renseignements et Prospectus spéciaux

AU BUREAU CENTRAL DES VOYAGES A PRIX RÉDUITS

20, Boulevard Saint-Denis, à Paris

MM. les Excursionnistes devront se munir d'un Passeport

BAGAGES : Franchise de 25 kil. sur tout le parcours

RENSEIGNEMENTS

SUR LES

PRINCIPALES VILLES ET STATIONS

COMPRISES DANS L'ITINÉRAIRE DU

VOYAGE CIRCULAIRE DANS L'EST DE LA FRANCE

En SUISSE (Oberland bernois)

ET LE LAC DE GENÈVE

Comme pour le voyage qui précède, les excursionnistes ont la faculté de partir de Paris par la ligne qui leur convient, soit par Dijon, Mâcon, etc. (Compagnie de Lyon), soit par Nancy, Strasbourg (Compagnie de l'Est), soit enfin par la ligne de Paris à Mulhouse (Compagnie de l'Est.)

Ce petit Guide suivra encore l'itinéraire indiqué sur les affiches et prospectus commençant, au départ de Paris, pour les lignes de l'Est, pour se terminer au retour par la ligne du chemin de fer de Lyon.

Pour les renseignements sur les principales villes et stations de Paris à Strasbourg et Bâle ou de Paris à Mulhouse et à Bâle, consulter la première partie du carnet (réseau français).

Pour les renseignements de Bâle à Lucerne, consulter l'itinéraire du **Voyage circulaire en Suisse et dans le grand duché de Bade.**

Après avoir visité Lucerne et ses environs, le touriste part en bateau à vapeur pour se rendre à **Alpnach**, joli village situé sur le lac des Quatre-Cantons.

VISITES, PROMENADES ET EXCURSIONS. — L'Eglise. — Le Viaduc. — **Gestadt. — Sarnem. — Lungern. — Stantz.** — Ascension au Pilate.

D'Alpnach on se rend à **Brienz** par diligence.

BRIENZ

Petite et ancienne ville située sur le lac de ce nom, au pied du **Brienzergrat**.

PROMENADES, VISITES ET EXCURSIONS. — L'Eglise sur le rocher. — Les Ruines du château. — Les Cascades du Planalpbach. — L'Ecole et les maisons de bois. — Excursions au Brünig. — La Plœnalp. — Le Rothorn. — Le Wylerhorn. — A Trœcht et à Kienholz.

A Brienz, on reprend le bateau à vapeur pour **Interlaken**, où l'on arrive après avoir fait escale au torrent du Giessbach, situé au pied du Schwarzhorn et qui, avant de se jeter dans le lac de Brienz, fait 14 chutes dont la vue offre un spectacle merveilleux.

INTERLAKEN

Charmante petite ville située dans la plaine de **Bodeli**, renommée par la beauté de sa végétation, véritable rendez-vous des excursionnistes

PROMENADES ET EXCURSIONS. — A **Lauterbrunnen**. — Aux cascades du **Staubbach**. — Les glaciers et le point de vue de **Grindenwald**. — La mer de glace. — **Wengen**. — Le Torrent de Hosenbach. — Le Col de la Wengernalp. — Les Châlets d'**Alpigeln**. — Rossalp et son panorama. — La Chute du Mühlibach. — Ascension au **Faulhorn** : magnifique panorama. — De **Grindenwald** à la **Grande-Scheideck**. — Le glacier de Rosenlani. — De Rosenlani à **Meyringen**, à la Cascade de **Seilibach** et sur la montagne du **Zwirgi**. — Les Chutes du Reichenbach.

Après avoir fait toutes les excursions qui, chacune, sont autant de merveilles indispensables à admirer, le touriste se rend d'**Interlaken** à **Neuhaus** en omnibus. — A **Neuhaus**, il s'embarque en bateau à vapeur pour arriver à

THUN

Jolie petite ville, située sur l'Aare. — A visiter : l'Église paroissiale. — L'Ecole d'artillerie. — Le Château. — **Excursions à Scherzligen**, — aux **Bains** de **Louèche**. — Ascension au **Niezen**. — A Scherzligen, on remonte en chemin de fer jusqu'à

BERNE

Capitale du canton. — Belle ville fédérale, située sur un plateau, entourée par l'Aar, qui en forme une presqu'île.

Visites et promenades. — La Cathédrale et le Panorama de sa tour. — Les statues de Rodolphe et de Berchold. — La Terrasse. — Le Palais fédéral. — La Bibliothèque. — Le Musée. — L'Arsenal. - Le Marché aux grains. — La Fontaine du **Mangeur d'Enfants**. — La Brasserie du Grand-Grenier. — La Tour de l'Horloge. — L'Hôtel-de-Ville. — La Fosse aux Ours. — Le Pont de l'Altemberg et le Jardin Botanique. — Chemin de fer de **Berne** à

FRIBOURG

Capitale de canton. — Belle ville, située sur les deux rives de la **Surine**.

Visites et promenades. — Le grand Pont suspendu. — La Cathédrale Saint-Nicolas, qui possède la tour la plus élevée de toute la Suisse. — L'ancien collége des Jésuites et son Eglise. — Les églises Notre-Dame, — des Capucins. — Les couvents des Franciscains et des Ursulines. — L'Hôtel-de-Ville. — Le collége Saint-Michel. — Le Musée. — Le Gymnase. — La Bibliothèque. — Le Pont de Gotteron.

Excursions à **Guin**, — **Balliswyl**, — au **Palatinat** — au Plateau de Bertigny.

En quittant **Fribourg**, on se rend directement par la voie de fer à

LAUSANNE

Capitale du canton de Vaud. — Bâtie sur 3 coteaux.

Visites et promenades. — La Cathédrale et ses tombeaux. — L'ancien Evêché. — Le vieux Château épiscopal. — Le Collége et la Salle du Grand-Conseil. — l'Ecole normale. — La Bibliothèque. — Le Musée d'Histoire naturelle. - Le Musée de Peinture. — Les Promenades de Montbenon.

Excursions. — Le Coteau du Signal. — La Forêt de

Sauvabelin. — La Borde. — L'Ermitage. — Le Petit Château. — La Vallée de Flon. — Le Belvédère. — Beausoleil. — La Violette. — Vallombreuse. — Ouchy.

Chemin de fer de **Lausanne** à

GENÈVE

Capitale de canton. — Belle et grande ville, située à l'extrémité S. O. du lac de son nom à l'embouchure du Rhône.

PROMENADES ET VISITES. — La Cathédrale de Saint-Pierre et ses tombeaux. — L'Arsenal. — L'Hôtel-de-Ville. — La Promenade de la Treille. — Le Jardin Botanique. — Le Théâtre. — Le Musée. — Le Conservatoire. — La Loge maçonnique. — Le Palais Electoral. — Le Musée académique. — Le Cabinet d'antiquités. — Le Cercle-Bibliothèque. — La Bibliothèque de la ville. — La Maison de détention. — Le Jardin anglais et le Plan en relief du Mont-Blanc. — Les Pierres de Neptune. — Le Monument de l'Escalade. — La Machine hydraulique. — Le Monument de J.-J. Rousseau. — La Chapelle anglicane. — Le Temple Saint-Gervais. — Promenades sur le lac de Genève. (le Leman).

Excursions aux Paquis, à La Perrière, à Montbrillant, à Sacconnex, à Cologny, aux Eaux-Vives, aux tours de Tronchin et des Jardins, aux Voirons, aux Salèves, à Hermance en bateau à vapeur.

Le touriste ne doit pas quitter Genève sans visiter ses importantes manufactures d'horlogerie, de bijouterie et d'orfévrerie.

Excursion recommandée à Martigny et à Chamounie (le Mont Blanc).

Genève est le dernier point de l'itinéraire en Suisse. — L'excursionniste monte dans les wagons de la Compagnie des chemins de fer de Lyon et à la Méditerranée pour rentrer à Paris. Deux arrêts sont indiqués sur les billets circulaires. Le premier est

MACON

Chef-lieu du département de Saône-et-Loire, situé sur la rive droite de la Saône.

PROMENADES ET VISITES. — L'Eglise Saint-Vincent. — La Préfecture. — Le Palais de Justice — L'Hôtel-de-Ville. — L'Hôtel-Dieu. — La Maison de bois sur le quai Dombey. — Le Pont de 12 arches qui relie Mâcon à Saint-Laurent. — Excursions au château de Berzé-la-Ville et aux ruines du château de Berzé-le-Châtel.

Le train, après avoir dépassé les principales stations de **Chalon-sur-Saône**, de **Beaune** et de **Nuits**, célèbres par leurs vignobles, s'arrête à

DIJON

Chef-lieu du département de la Côte-d'Or.

PROMENADES ET VISITES. — La Cathédrale de Sainte-Benigne. — Les Eglises Notre-Dame, Saint-Michel, Sainte-Anne, Saint-Pierre. — La Tour Saint-Nicolas. — Le Palais des ducs de Bourgogne. — Le Musée. — Le Palais de Justice. — Le Théâtre. — L'Ecole de Droit et la Bibliothèque. — Les Archives. — Le Château de Louis IX. — l'Hôtel Vogué. — Les Tourelles de l'hôtel de Mineure. — La Maison des Cariatides. — Les Ruines de la Chartreuse. — La Statue de Saint-Bernard. — La Promenade du Parc. — Le Jardin des Plantes et le Musée d'histoire naturelle. — Les Remparts. — L'Aqueduc.

Excursions aux vignobles de la côte, à l'église de Tixey et au monument de Napoléon à Tixin.

NOTA. — A la gare du Parc, excellent buffet renommé par la vente de ses caisses assorties de grands vins de Bourgogne.

Dijon est la dernière station des **Voyages circulaires dans l'est de la France, l'Alsace, la Suisse centrale** (Oberland bernois) **et le lac de Genève.**

L'excursionniste rentre donc à Paris, son point de départ, après avoir dépassé sur la route les importantes gares de **Châtillon-sur-Seine**, de **Tonnerre**, de **Joigny**, de **Montereau** et de **Fontainebleau**.

BUREAU CENTRAL DES VOYAGES A PRIX RÉDUITS

20, boulevard Saint-Denis

EXPLOITATION DES LIGNES DU CHEMIN DE FER DE L'OUEST

BAINS DE MER

Billets d'Aller et Retour à Prix réduits

VALABLES

DU SAMEDI AU LUNDI

De PARIS aux Gares suivantes :	1re classe	2e classe
	FR.	FR.
DIEPPE (Le Tréport)............... MOTTEVILLE (St-Valery-en-Caux, Veules)	28	20
LE HAVRE, FÉCAMP (Yport, Étretat), TROUVILLE-DEAUVILLE (Villers-sur-Mer, Houlgate, Beuzeval, Cabourg, Villerville) HONFLEUR, CAEN (Lion-sur-Mer, Luc, Langrune, Courseulles)...............	30	22
BAYEUX (Arromanches et Port-en-Bessin)	36	27
CHERBOURG	50	38
St-MALO-St-SERVAN (Dinard-St-Enogat).	60	45

DÉPART par tous les Trains du **SAMEDI** et du **DIMANCHE**

RETOUR par tous les Trains du **DIMANCHE** et du **LUNDI**

Les prix ci-dessus ne s'appliquent qu'au trajet par chemin de fer.

EXCURSIONS
EN NORMANDIE ET EN BRETAGNE

Billets d'Aller et Retour à Prix réduits

VALABLES POUR TOUS LES TRAINS

PENDANT UN MOIS, A DATER DU 16 JUIN AU 1er OCTOBRE

Pour les 2e, 3e et 4e Itinéraires

1er ITINÉRAIRE

Paris à Trouville-Deauville. — Trouville-Deauville à Honfleur. — Honfleur à Caen. — Caen à Paris.

LES BILLETS SONT VALABLES POUR 10 JOURS

1re Classe	PRIX	2e Classe
45 fr.		32 fr.

2e ITINÉRAIRE

Paris à Rouen. — Rouen à Dieppe. — Dieppe à Fécamp. — Fécamp au Havre. — Havre à Honfleur ou Trouville-Deauville par bateau. — Honfleur ou Trouville-Deauville à Caen. — Caen à Paris.

1re Classe	PRIX	2e Classe
55 fr.		40 fr.

3e ITINÉRAIRE

Paris à Rouen. — Rouen à Dieppe. — Dieppe à Fécamp. — Fécamp au Havre. — Havre à Honfleur ou Trouville-Deauville par bateau. — Honfleur ou Trouville-Deauville à Caen. — Caen à Cherbourg. — Cherbourg à Paris.

1re Classe	PRIX	2e Classe
65 fr.		50 fr.

4e ITINÉRAIRE

Paris à Caen. — Caen à Cherbourg. — Cherbourg à Saint-Lô. — Saint-Lô à Dol de Bretagne par Coutances, Granville, Avranches et Pontorson-Mont-Saint-Michel (*Trajets à la charge des Voyageurs*). — Dol à Saint-Malo. — Saint-Malo à Dinan par bateau. — Dinan à Caulnes par voiture (*Trajets à la charge des Voyageurs*) ou Saint-Malo à Caulnes par le chemin de fer. — Caulnes-Dinan à Brest. — Brest à Rennes. — Rennes au Mans. — Le Mans à Paris.

1re Classe	PRIX	2e Classe
100 fr.		75 fr.

AVIS IMPORTANT

Les Billets d'excursions sont personnels.

Ils sont valables pour **tous les Trains** pendant **un mois** pour les **2°, 3°** et **4°** Itinéraires et pendant **dix jours** seulement pour le **1er** Itinéraire.

Les Billets de **2°** classe ne sont admis que dans les Trains qui comportent des voitures de cette classe.

Il n'est pas délivré de demi-billets à prix réduits pour les Enfants. Toutefois, deux Enfants de 3 à 7 ans, n'occupant qu'une seule place, peuvent voyager avec un seul Billet d'Excursions.

Les Voyageurs peuvent s'arrêter, **à l'aller ou au retour,** aux Gares intermédiaires situées entre les points indiqués aux Itinéraires, à la condition de déposer, pendant le temps de leur séjour, leurs Billets à la Gare à laquelle ils s'arrêtent.

Les Voyageurs peuvent suivre à leur gré les Itinéraires **dans l'ordre inverse** de celui qui est indiqué au présent Bulletin ; ils peuvent également ne pas effectuer tous les parcours détaillés dans chaque Itinéraire, et se rendre directement sur les seuls points où ils désirent passer ou séjourner, en suivant toutefois le sens général de l'Itinéraire qu'ils ont choisi, et en abandonnant leur droit aux parcours non effectués.

Les Voyageurs doivent représenter, à toute réquisition des Agents du chemin de fer, des Bateaux à vapeur ou des Voitures de correspondance l'ensemble de leurs billets, sauf les coupons détachés pour les parcours déjà effectués.

Tout coupon isolé sera considéré comme nul, refusé et retire, si le Voyageur ne peut représenter en même temps, les autres parties du billet qui doivent rester entre ses mains, y compris la couverture, qui porte sa signature et la date après laquelle le billet n'est plus valable.

Les Billets des **2°** et et **3°** Itinéraires comprennent le prix du passage en Bateau à vapeur, entre **LE HAVRE** et **HONFLEUR OU TROUVILLE-DEAUVILLE.**

BAGAGES. — Les Voyageurs ont droit au transport gratuit de 30 kil. de bagages

---

Tous ces Billets sont délivrés au BUREAU CENTRAL DES VOYAGES A PRIX RÉDUITS, 20, BOULEVART SAINT-DENIS, A PARIS, accompagnés du Porte-Tickets, Carnet-Guide, contenant en outre une prime gratuite d'un bon de portrait.

CASINO DU GRAND ÉTABLISSEMENT
DES BAINS DE MER DE DIEPPE

Saison 1866 — Ouverture le 1er juin

DIEPPE est restée la capitale des BAINS DE MER des Côtes de la Manche et de l'Océan. Sa renommée n'a fait que grandir sous les efforts de son administration. Dieppe est un des points de jonction de la France et de l'Angleterre, et c'est le rendez-vous de la fashion des deux pays. — 'Etablissement des Bains offrira cette année à ses visiteurs, des Fêtes plus brillantes et plus variées que jamais.

Bains à la vague, à la lame, d'immersion, d'affusion. — Bains chauds. — Bains composés. — Bains de vapeur. — Douches variées. — Établissement d'hydrothérapie. — Bureau télégraphique.

Grand gymnase TARLÉ. — École d'équitation dirigée par M. PELLIER fils.

TOUS LES JOURS A TROIS HEURES

Concert à grand orchestre (40 musiciens) sous la direction de M. PLACET.

Représentations théâtrales, — Régates, Steeple-Chases, — Grandes fêtes, — Solennités musicales, — Bals d'enfants.

Feux d'artifices, Jeux de toutes espèces. Tir au pistolet, à la Carabine

COURS DE DANSE DIRIGÉ PAR M. ET Mme CELLARIUS.

DIEPPE

—

HOTEL ROYAL

Hôtel Royal, facing the Beach.

The bathing establisoment, and the Parade, is one of the most pleasantly situated Hôtels in Dieppe, commanding a beautiful and extensive view of the sea. Families and gentlemen visiting Dieppe will find at this establishment elegant large and small apartments, with a very large reading room, English and French newspapers, and the best accommodation at very reasonable prices, the refreshments are of the best quality.

Table d'hôte and private dinners.

HOTEL ROYAL

Hôtel Royal, en face de la mer, de l'établissement des Bains et de la plage, est l'hôtel de Dieppe le mieux situé, jouissant de la vue d'une vaste et belle étendue de mer. Les familles visitant Dieppe trouveront dans ce spacieux et élégant établissement de petits et de grands appartements avec un très-grand salon de lecture, contenant les journaux français et anglais, et des arrangements à des prix modérés. Les vins sont de première qualité.

Table d'hôte et diners particuliers

PARIS

JARDIN. MABILLE

87, Avenue Montaigne, 87

(CHAMPS-ÉLYSÉES, A PARIS)

SOIRÉES

MUSICALES ET DANSANTES

Tous les Soirs à 8 heures

MERCREDIS ET SAMEDIS, FÊTES DE NUIT

—◇—

AUGUSTE MEY

CHEF D'ORCHESTRE

ADMIS A L'EXPOSITION UNIVERSELLE 1867

Mention honorable en 1855

CHAPELLERIE AVISSE

39, Boulevard Saint-Martin, 39

PARIS

SPÉCIALITÉ POUR ENFANTS

5067 — RENOU ET MAULDE.

LIQUEUR

DES

MOINES BÉNÉDICTINS

de l'Abbaye de Fécamp

Cette liqueur,
qui date de 1810,
est tonique, anti
apoplectique et
digestive. Les
plantes salutai-
res qui la com-
posent en font
un des meilleurs

préservatifs contre les affections épidémiques

A LEGRAND aîné, à Fécamp (Seine-Inférieure)
MAISON A PARIS, rue Vivienne, 19

Cette liqueur se trouve en France et à l'étran-
ger, dans tous les cafés, chez les négociants en
vins et spiritueux, confiseurs, épiciers, marchands
de comestibles, etc

64461   Paris. Imp. Renou et Maulde, rue de Rivoli, 144.

www.ingramcontent.com/pod-product-compliance
Lightning Source LLC
LaVergne TN
LVHW022324170726
843503LV00006B/2697